Impressum
Verlag: BABADADA GmbH, Nedderfeld 112 , 22529 Hamburg
Geschäftsführer / Verlagsleitung: Harald Hof
Druck: Books on Demand GmbH, In de Tarpen 42, 22848 Norderstedt

Imprint
Publisher: BABADADA GmbH, Nedderfeld 112 , 22529 Hamburg, Germany
Managing Director / Publishing direction: Harald Hof
Print: Books on Demand GmbH, In de Tarpen 42, 22848 Norderstedt

escola

5ch00l

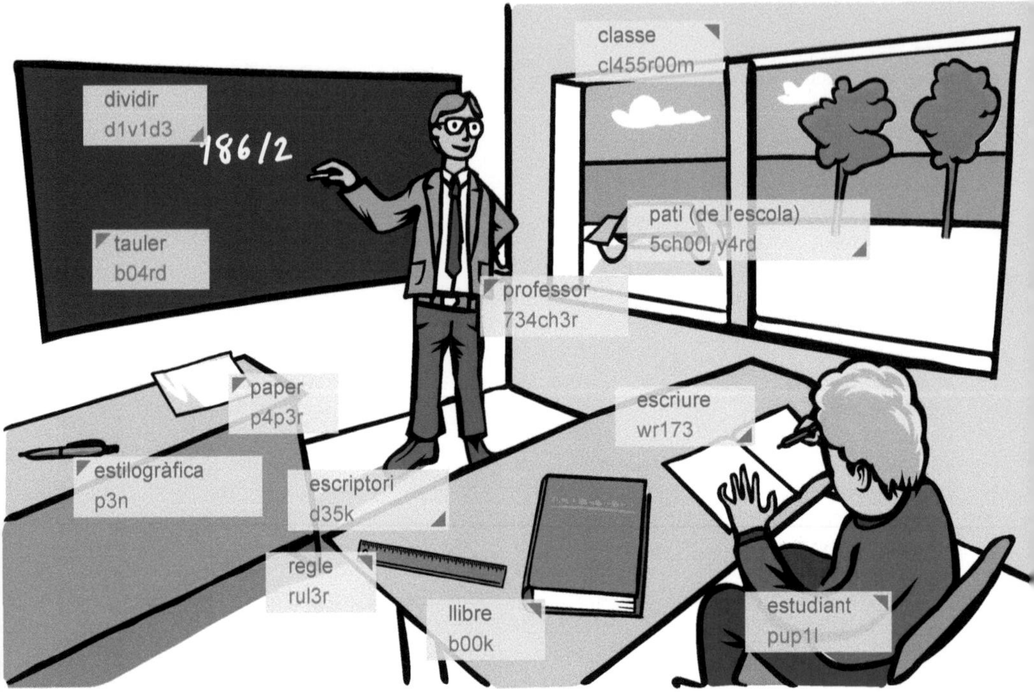
classe
cl455r00m
dividir
d1v1d3
186/2
tauler
b04rd
pati (de l'escola)
5ch00l y4rd
professor
734ch3r
paper
p4p3r
escriure
wr173
estilogràfica
p3n
escriptori
d35k
regle
rul3r
llibre
b00k
estudiant
pup1l

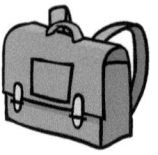

bossa

547ch3l

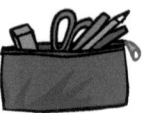

estoig

p3nc1l c453

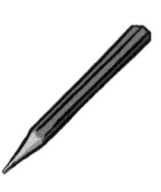

llapis

p3nc1l

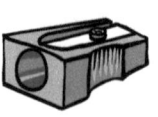

maquineta de fer punta

p3nc1l 5h4rp3n3r

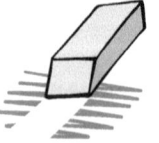

goma

rubb3r

bloc de dibuix

dr4w1n6 p4d

dibuix

dr4w1n6

pinzell

p41n7bru5h

capsa de pintures

p41n7 b0x

tisores

5c1550r5

cola

6lu3

quadern d'exercicis

3x3rc153 b00k

deures

h0m3w0rk

nombre

numb3r

afegir

4dd

sostreure

5ub7r4c7

multiplicar

mul71ply

calcular

c4lcul473

lletra

l3773r

alfabet

4lph4b37

mot

w0rd

text

73x7

llegir

r34d

guix

ch4lk

lliçó

l3550n

llibre de classe

r361573r

examen

3x4m1n4710n

certificat

c3r71f1c473

uniforme escolar

5ch00l un1f0rm

formació

3duc4710n

enciclopèdia

3ncycl0p3d14

universitat

un1v3r517y

microscopi

m1cr05c0p3

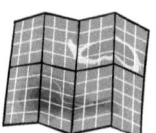

mapa

m4p

paperera

w4573-p4p3r b45k37

viatge
7r4v3l

hotel
h073l
Grand
alberg
h0573l
ROOMS
CHANGE
oficina de canvi
curr3ncy 3xch4n63 0ff1c3
maleta
5u17c453
automòbil
c4r

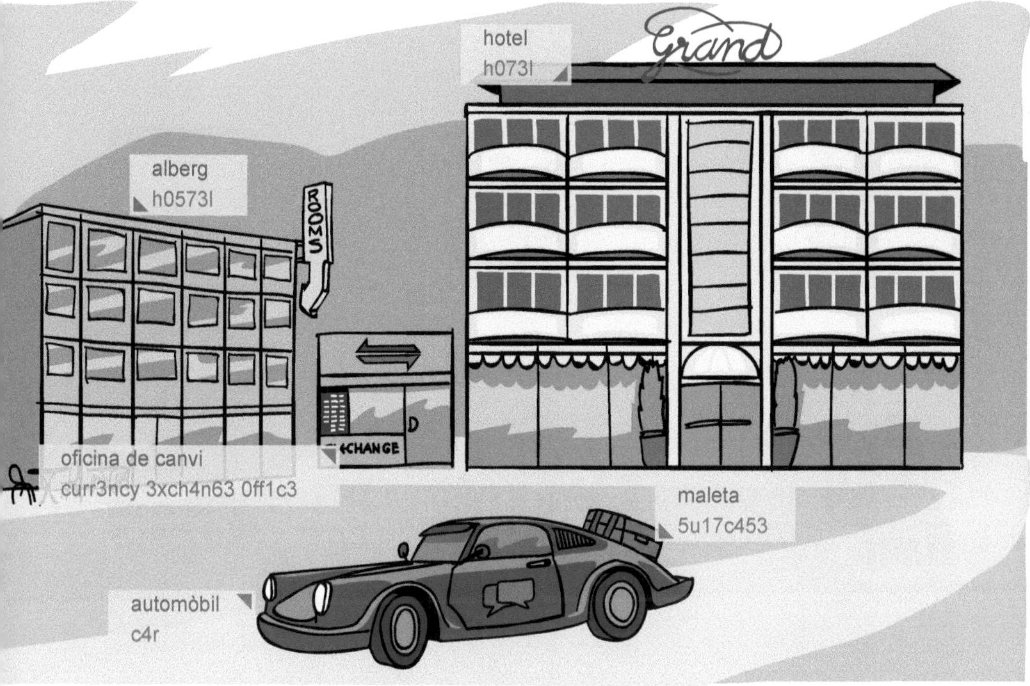

llengua

l4n6u463

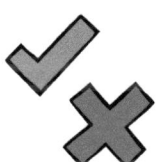

sí / no

y35 / n0

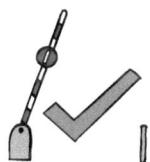

D'acord

0k4y

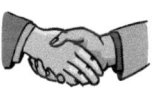

Ey!

h3ll0

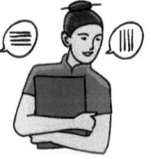

traductora

7r4n5l470r

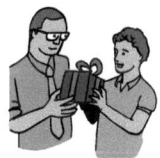

gràcies

7h4nk y0u

Quant costa... ?

h0w much 15

No entenc

1 d0 n07 und3r574nd

problema

pr0bl3m

Bona nit!

600d 3v3n1n6!

bon dia!

600d m0rn1n6!

bona nit!

600d n16h7!

fins aviat

600dby3

direcció

d1r3c710n

bagatge

lu66463

bossa

b46

sarrona

b4ckp4ck

convidat

6u357

cambra

r00m

sac de dormir

5l33p1n6 b46

tenda

73n7

oficina de turisme

70ur157 1nf0rm4710n

platja

b34ch

carta de crèdit

cr3d17 c4rd

esmorzar

br34kf457

dinar

lunch

sopar

d1nn3r

bitllet

71ck37

ascensor

3l3v470r

segell

574mp

frontera

b0rd3r

duana

cu570m5

ambaixada

3mb455y

visat

v154

passaport

p455p0r7

transport

7r4n5p0r7

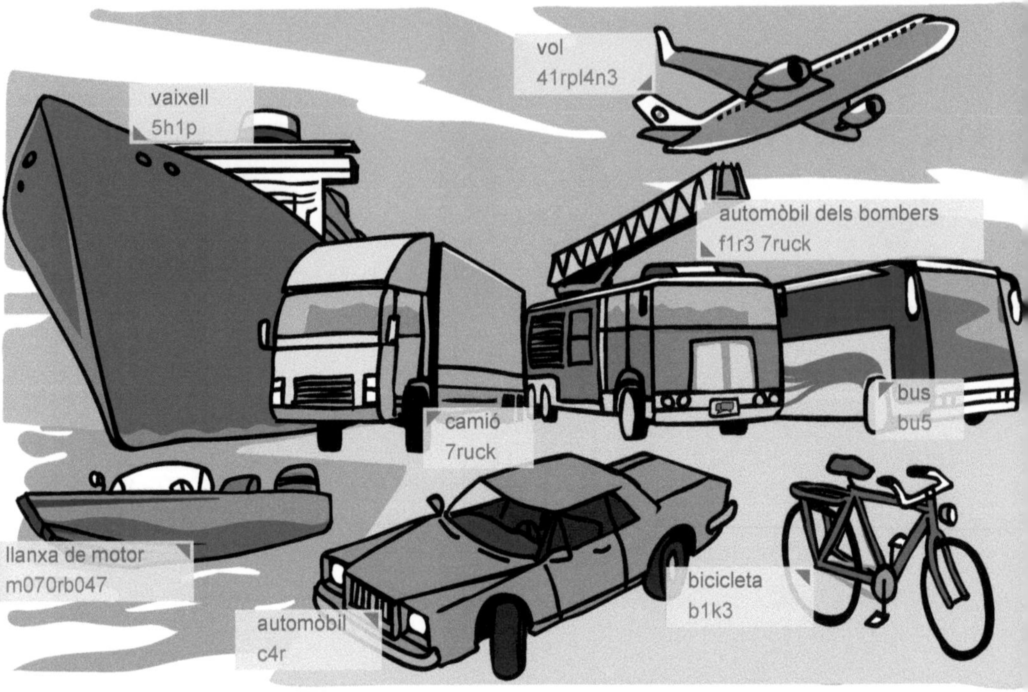
vol
41rpl4n3
vaixell
5h1p
automòbil dels bombers
f1r3 7ruck
bus
bu5
camió
7ruck
llanxa de motor
m070rb047
bicicleta
b1k3
automòbil
c4r

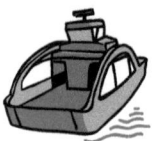

transbordador

f3rry

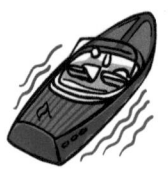

barca

b047

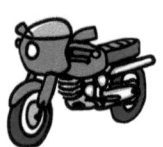

moto

m070rb1k3

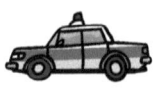

automòbil de policia

p0l1c3 c4r

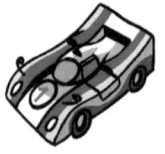

automòbil de curses

r4c1n6 c4r

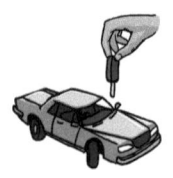

automòbil de lloguer

r3n74l c4r

vehicle compartit

c4r 5h4r1n6

grua

70w 7ruck

camió de les escombraries

64rb463 7ruck

motor

3n61n3

benzina

fu3l

benzineria

fu3l 574710n

senyal de trànsit

7r4ff1c 516n

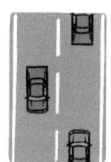

trànsit

7r4ff1c

embús

7r4ff1c j4m

aparcament

p4rk1n6 l07

estació de trens

7r41n 574710n

vies

7r4ck5

tren

7r41n

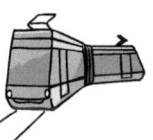

tramvia

7r4m

vagó

w460n

helicòpter

h3l1c0p73r

aeroport

41rp0r7

torre

70w3r

passatger

p4553n63r

contenidor

c0n741n3r

capsa de cartó

c4r70n

carretó

c4r7

cistella

b45k37

enlairar-se / aterrar

74k3 0ff / l4nd

ciutat

c17y

poble

v1ll463

centre de la ciutat

c17y c3n73r

casa

h0u53

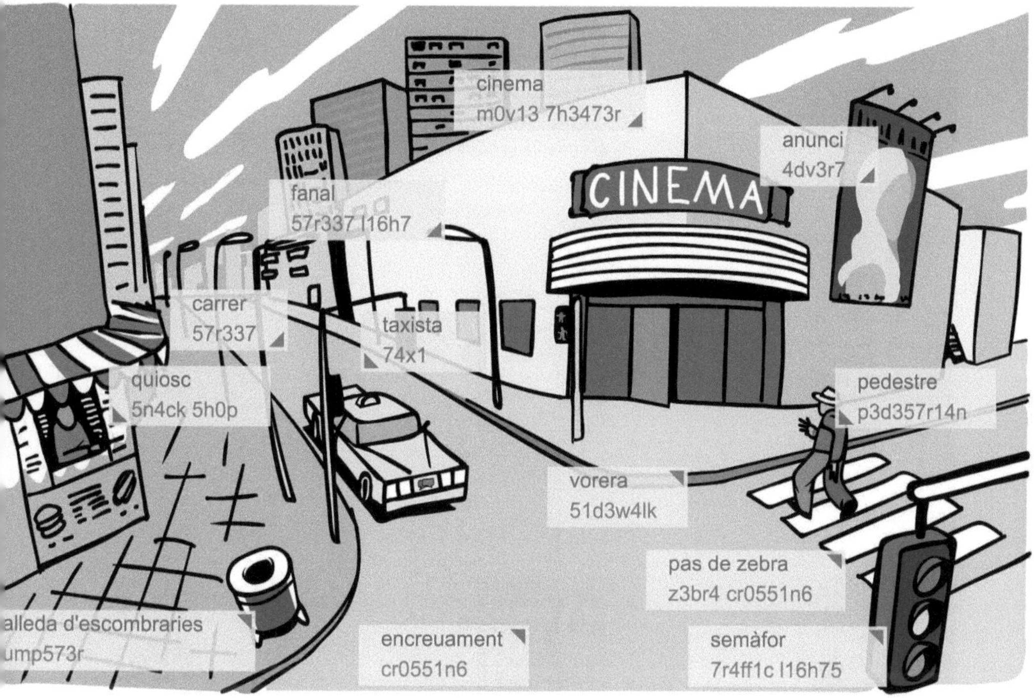

cinema
m0v13 7h3473r

anunci
4dv3r7

fanal
57r337 l16h7

CINEMA

carrer
57r337

taxista
74x1

pedestre
p3d357r14n

quiosc
5n4ck 5h0p

vorera
51d3w4lk

pas de zebra
z3br4 cr0551n6

alleda d'escombraries
ump573r

encreuament
cr0551n6

semàfor
7r4ff1c l16h75

cabana

hu7

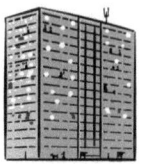

apartament

4p4r7m3n7

estació de trens

7r41n 574710n

casa de la vila-ciutat

c17y h4ll

museu

mu53um

escola

5ch00l

universitat

un1v3r517y

banca

b4nk

hospital

h05p174l

hotel

h073l

farmàcia

ph4rm4cy

oficina

0ff1c3

llibreria

b00k 5h0p

botiga

5h0p

floristeria

fl0w3r 5h0p

supermercat

5up3rm4rk37

mercat

m4rk37

gran magatzem

d3p4r7m3n7 570r3

peixateria

f15hm0n63r'5 5h0p

centre comercial

m4ll

port

h4rb0r

parc

p4rk

banc

b3nch

pont

br1d63

escala

5741r5

metro

5ubw4y

túnel

7unn3l

parada d'autobús

bu5 570p

bar

b4r

restaurant

r3574ur4n7

bústia de correu

p057b0x

senyal indicador

57r337 516n

parquímetre

p4rk1n6 m373r

zoo

z00

piscina

5w1mm1n6 p00l

mesquita

m05qu3

granja

f4rm

pol·lució

p0llu710n

cementiri

c3m373ry

església

church

parc infantil

pl4y6r0und

temple

73mpl3

paisatge

l4nd5c4p3

fulla
l34f

cartell indicador
516np057

camí
p47h

prat
m34d0w

pedra
570n3

arbre
7r33

excursionista
h1k3r

riu
r1v3r

gespa
6r455

flor
fl0w3r

vall

v4ll3y

muntanya

h1ll

llac

l4k3

bosc

f0r357

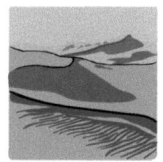

desert

d353r7

volcà

v0lc4n0

castell

c457l3

arc de Sant Martí

r41nb0w

bolet

mu5hr00m

palmera

p4lm 7r33

moscard

m05qu170

mosca

fly

formiga

4n7

abella

b33

aranya

5p1d3r

escarabat

b33713

granota

fr06

esquirol

5qu1rr3l

eriçó

h3d63h06

llebre

h4r3

òliba

0wl

ocell

b1rd

cigne

5w4n

senglar

b04r

cervo

d33r

ant

m0053

presa

d4m

turbina

w1nd 7urb1n3

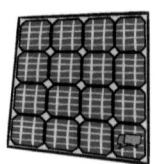

panell solar

50l4r p4n3l

clima

cl1m473

restaurant

r3574ur4n7

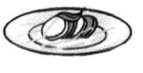

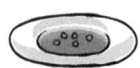

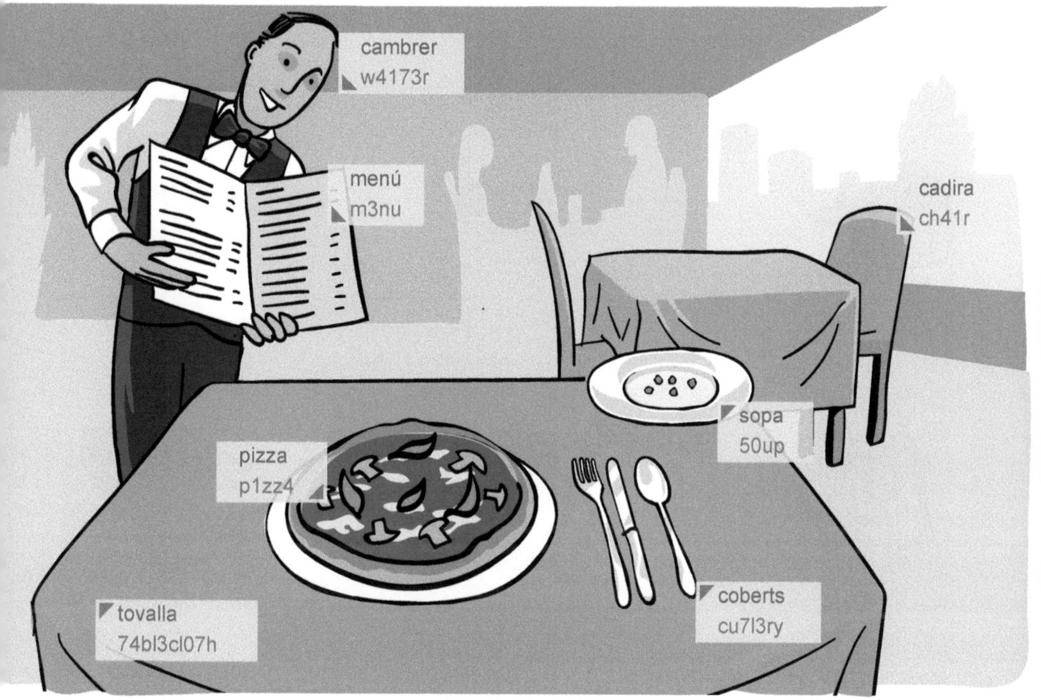

cambrer
w4173r
menú
m3nu
cadira
ch41r
sopa
50up
pizza
p1zz4
coberts
cu7l3ry
tovalla
74bl3cl07h

primer plat

574r73r

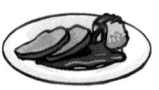

plat principal

m41n c0ur53

darreries

d3553r7

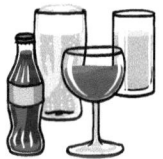

begudes

dr1nk5

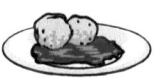

menjar

f00d

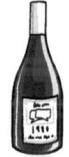

ampolla

b077l3

menjar ràpid

f457 f00d

menjar de carrer

57r337 f00d

tetera

734p07

sucrer

5u64r b0wl

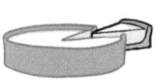

porció

p0r710n

màquina d'espresso

35pr3550 m4ch1n3

trona

h16h ch41r

factura

b1ll

plata

7r4y

ganivet

kn1f3

forqueta

f0rk

cullera

5p00n

cullereta

7345p00n

tovalló

53rv13773

got

6l455

plat

pl473

plat de sopa

50up pl473

plateret

54uc3r

salsa

54uc3

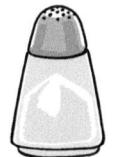

saler

54l7 5h4k3r

molinet de pebre

p3pp3r m1ll

vinagre

v1n364r

oli

01l

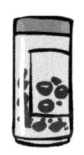

espècies

5p1c35

quètxup

k37chup

mostassa

mu574rd

maionesa

m4y0nn4153

supermercat

5up3rm4rk37

oferta especial
5p3c14l 0ff3r
FOR
client
cu570m3r
productes lactis
d41ry pr0duc75
fruites
fru17
carret de la compra
5h0pp1n6 c4r7

BUTCHERS

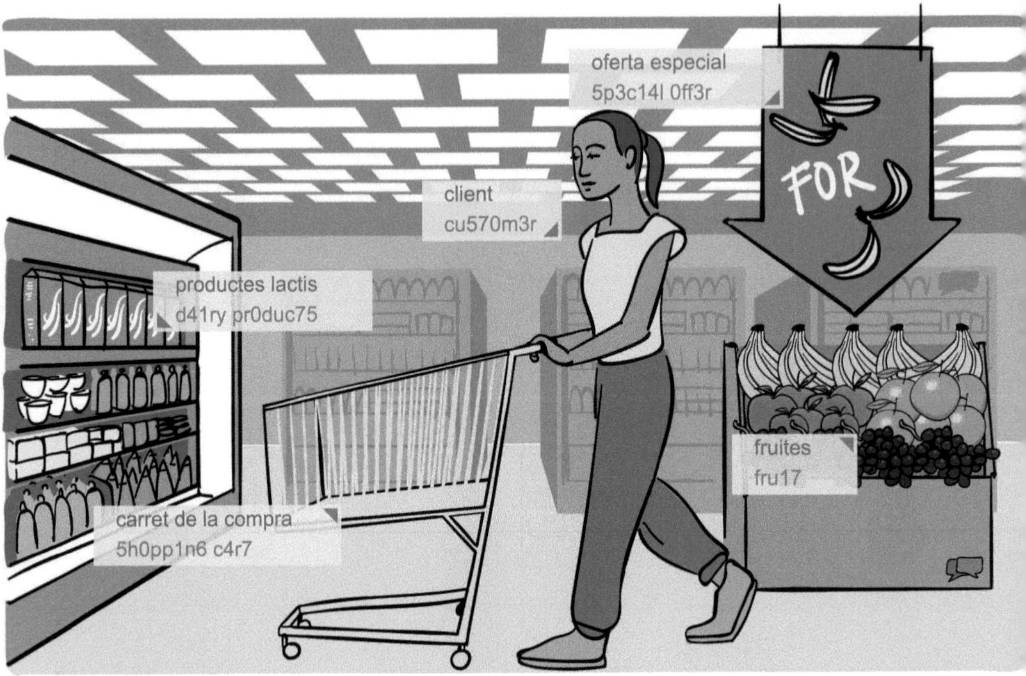

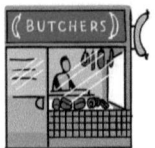

carnisseria

bu7ch3r'5 5h0p

BAKERY

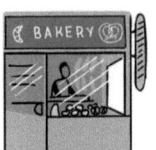

forn de pa

b4k3ry

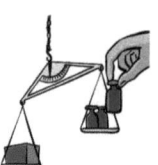

pesar

w316h

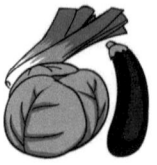

verdures

v36374bl35

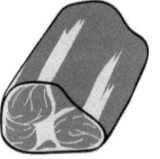

carn

m347

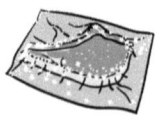

menjar congelat

fr0z3n f00d

carn freda

c0ld cu75

conserves

c4nn3d f00d

detergent en pols

d373r63n7

dolços

c4ndy

articles domèstics

h0u53h0ld pr0duc75

productes de neteja

cl34n1n6 pr0duc75

venedora

54l35 r3pr353n7471v3

caixa registradora

c45h r361573r

caixera

c45h13r

llista de la compra

5h0pp1n6 l157

horari d'obertura

0p3n1n6 h0ur5

portamonedes

w4ll37

carta de crèdit

cr3d17 c4rd

bossa

b46

bossa de plàstic

pl4571c b46

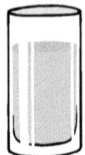

aigua

w473r

suc

ju1c3

llet

m1lk

coca-cola

c0k3

vi

w1n3

cervesa

b33r

alcohol

4lc0h0l

cacau

c0c04

te

734

cafè

c0ff33

espresso

35pr3550

cappuccino

c4ppucc1n0

banana

b4n4n4

poma

4ppl3

taronja

0r4n63

síndria

m3l0n

llimona

l3m0n

pastanaga

c4rr07

all

64rl1c

bambú

b4mb00

ceba

0n10n

bolet

mu5hr00m

avellanes

nu75

fideus

n00dl35

espaguetis

5p46h3771

arròs

r1c3

amanida

54l4d

patates fregides

fr135

patates fregides

fr13d p0747035

pizza

p1zz4

hamburguesa

h4mbur63r

entrepà

54ndw1ch

escalopa

35c4l0p3

cuixot

h4m

salami

54l4m1

salsitxa

54u5463

pollastre

ch1ck3n

rostit

r0457

peix

f15h

flocs de civada

p0rr1d63 0475

musli

mu35l1

cereals

c0rnfl4k35

farina

fl0ur

croissant

cr01554n7

panet

br34d r0ll

pa

br34d

torrada

70457

bescuits

c00k135

mantega

bu773r

mató

curd

pastís

c4k3

ou

366

ou fregit

fr13d 366

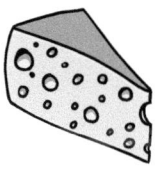

formatge

ch3353

gelat

1c3 cr34m

sucre

5u64r

mel

h0n3y

melmelada

j3lly

crema de xocolata

n0u647 cr34m

curri

curry

granja

f4rm

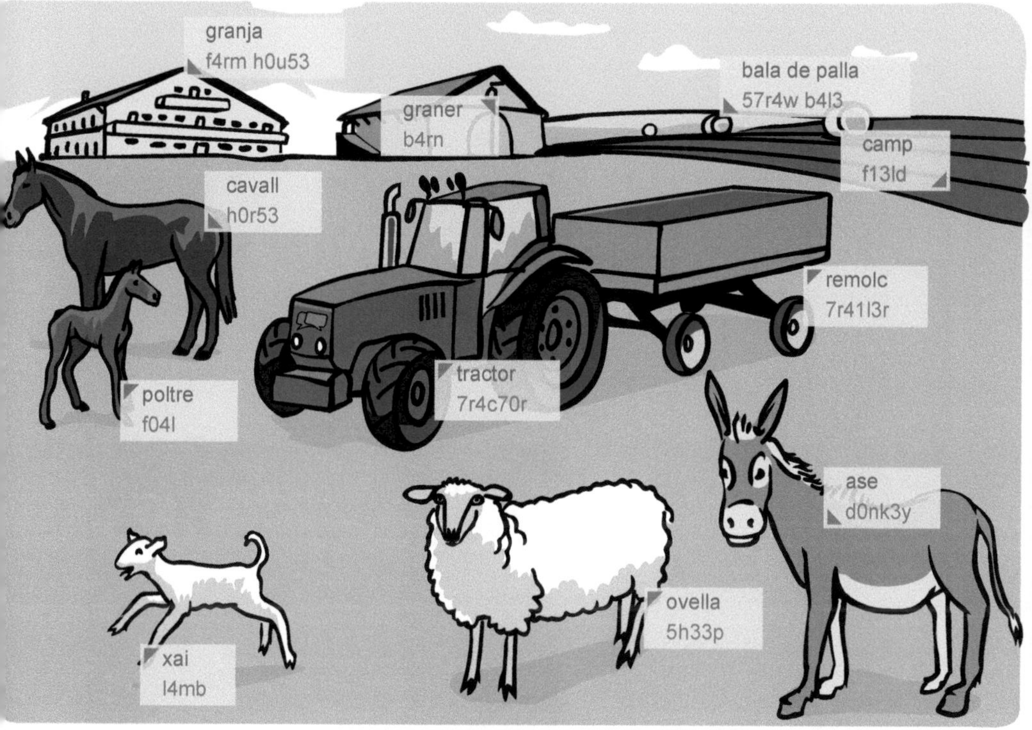
granja
f4rm h0u53
bala de palla
57r4w b4l3
graner
b4rn
camp
f13ld
cavall
h0r53
remolc
7r41l3r
tractor
7r4c70r
poltre
f04l
ase
d0nk3y
ovella
5h33p
xai
l4mb

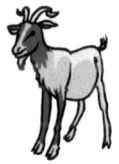

cabra

6047

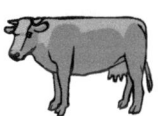

vaca

c0w

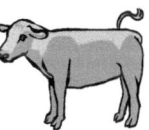

vedella

c4lf

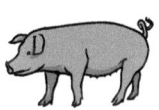

porc

p16

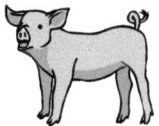

garrí

p16l37

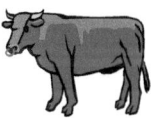

bou

bull

oca

60053

ànec

duck

poll

ch1ck

gall

h3n

gallina

c0ck3r3l

rata

r47

gat

c47

ratolí

m0u53

bou

0x

gos

d06

gossera

d06 h0u53

mànega de regar

64rd3n h053

regadora

w473r1n6 c4n

dalla

5cy7h3

arada

pl0u6h

falç

51ckl3

aixada

h03

forca

p17chf0rk

destral

4x3

carretó

pu5hc4r7

abeurador

7r0u6h

lletera

m1lk c4n

sac

54ck

tanca

f3nc3

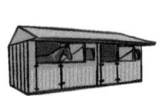

establa

574bl3

hivernacle

6r33nh0u53

sòl

501l

llavor

533d

adob

f3r71l1z3r

collidora

c0mb1n3 h4rv3573r

collir

h4rv357

collita

h4rv357

nyam

y4m5

blat

wh347

soja

50y4

patata

p07470

blat de moro o d'indi

c0rn

colza

r4p3533d

arbre fruiter

fru17 7r33

mandioca

m4n10c

cereals

6r41n

casa

h0u53

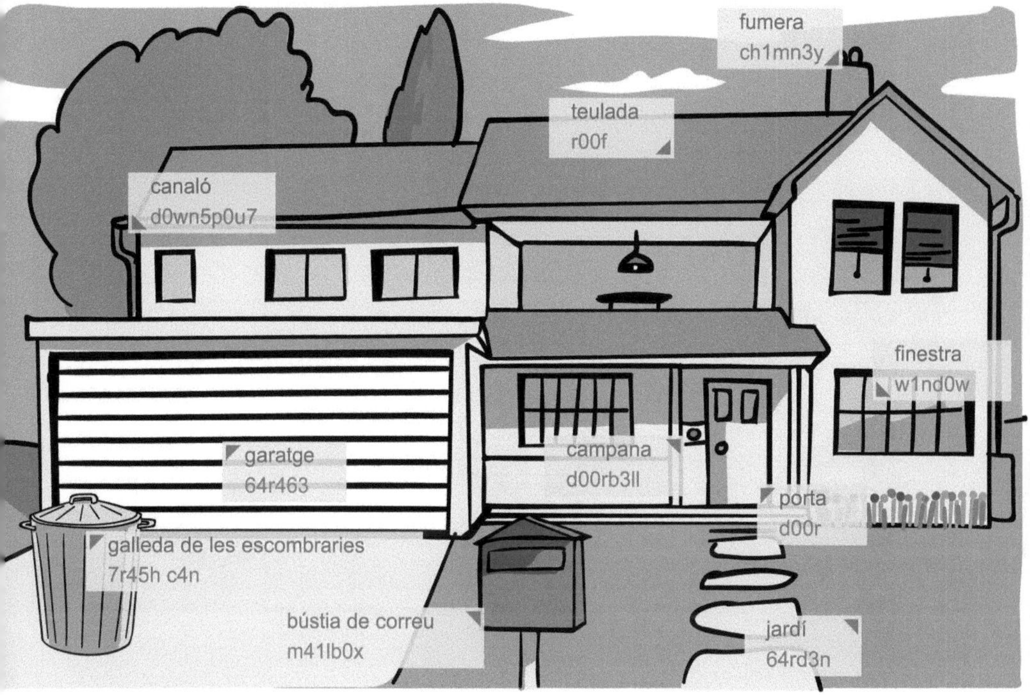
fumera
ch1mn3y
teulada
r00f
canaló
d0wn5p0u7
finestra
w1nd0w
garatge
64r463
campana
d00rb3ll
porta
d00r
galleda de les escombraries
7r45h c4n
bústia de correu
m41lb0x
jardí
64rd3n

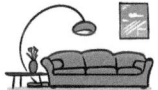

sala d'estar

l1v1n6 r00m

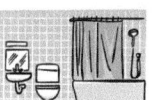

bany

b47hr00m

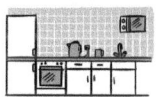

cuina

k17ch3n

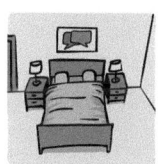

cambra de dormir

b3dr00m

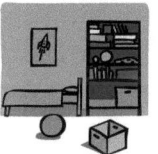

cambra de nen

ch1ld'5 r00m

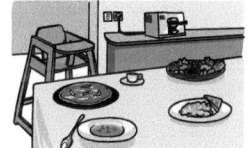

menjador

d1n1n6 r00m

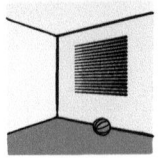

sòl

flOOr

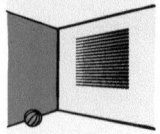

paret

w4ll

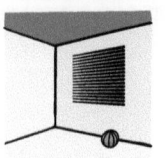

sostre

c3ll1n6

soterrani

c3ll4r

sauna

54un4

balcó

b4lcOny

terrassa

73rr4c3

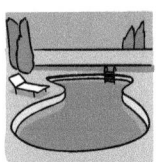

piscina

pOOl

tallagespa

l4wn mOw3r

vànova

5h337

cobrellit

b3d5pr34d

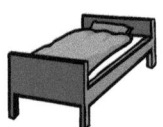

llit

b3d

escombra

brOOm

galleda

buck37

interruptor

5w17ch

sala d'estar

l1v1n6 r00m

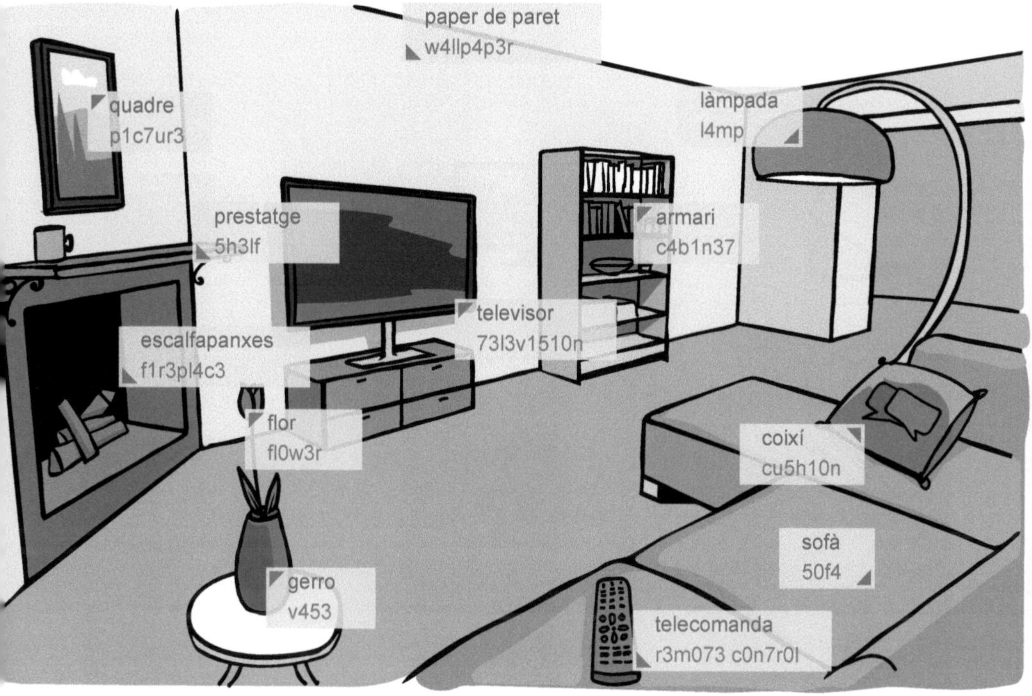
paper de paret
w4llp4p3r
quadre
p1c7ur3
làmpada
l4mp
prestatge
5h3lf
armari
c4b1n37
televisor
73l3v1510n
escalfapanxes
f1r3pl4c3
flor
fl0w3r
coixí
cu5h10n
sofà
50f4
gerro
v453
telecomanda
r3m073 c0n7r0l

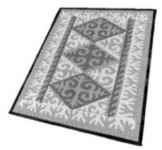

catifa

c4rp37

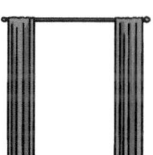

cortina

dr4p3

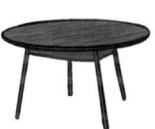

taula

74bl3

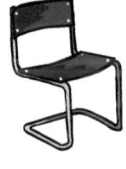

cadira

ch41r

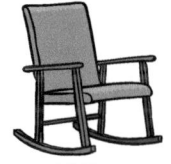

cadira gronxadora

r0ck1n6 ch41r

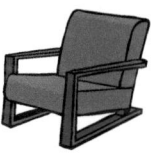

cadiral

4rmch41r

llibre

b00k

llençol

bl4nk37

decoració

d3c0r4710n

llenya

f1r3w00d

film

f1lm

cadena de música

573r30 5y573m

clau

k3y

diari

n3w5p4p3r

pintura

p41n71n6

cartell

p0573r

ràdio

r4d10

bloc de notes

n073b00k

aspiradora

v4cuum cl34n3r

cactus

c4c7u5

candela

c4ndl3

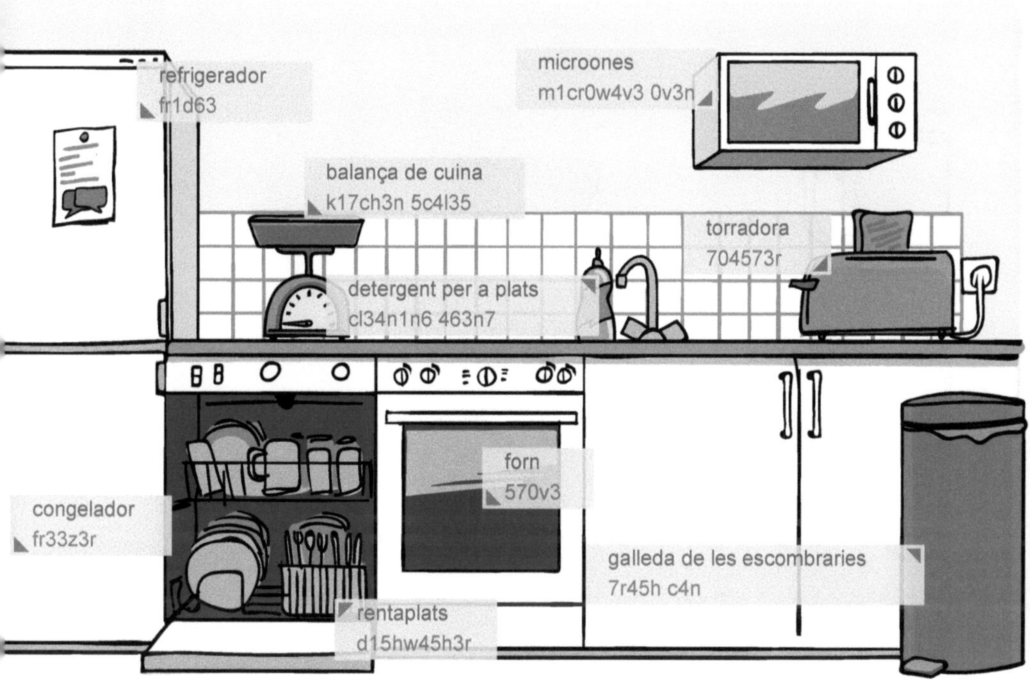

refrigerador
fr1d63

microones
m1cr0w4v3 0v3n

balança de cuina
k17ch3n 5c4l35

torradora
704573r

detergent per a plats
cl34n1n6 463n7

B B O O O' O' ≡ O ≡ O O

forn
570v3

congelador
fr33z3r

galleda de les escombraries
7r45h c4n

rentaplats
d15hw45h3r

cuina de fogons
c00k3r

olla
p07

olla de ferro colat
c457-1r0n p07

wok / karahi
w0k / k4d41

paella
p4n

bullidor
k377l3

olla de vapor

5734m3r

plata de forn

b4k1n6 7r4y

vaixella

cr0ck3ry

tassa grossa

mu6

bol

b0wl

bastonets xinesos

ch0p571ck5

culler

l4dl3

espàtula

5p47ul4

batedor

wh15k

colador

57r41n3r

sedàs

513v3

ratllador

6r473r

morter

m0r74r

barbacoa

b4rb3cu3

foc a terra

f1r3pl4c3

taula de tallar

ch0pp1n6 b04rd

corró

r0ll1n6 p1n

llevataps

c0rk5cr3w

pot de conserva

c4n

obridor

c4n 0p3n3r

agafador

0v3n cl07h

aigüera

51nk

raspall

bru5h

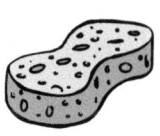

esponja

5p0n63

batedora

bl3nd3r

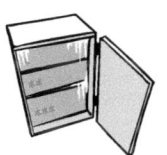

congelador

d33p fr33z3r

biberó

b4by b077l3

aixeta

74p

bany
b47hr00m

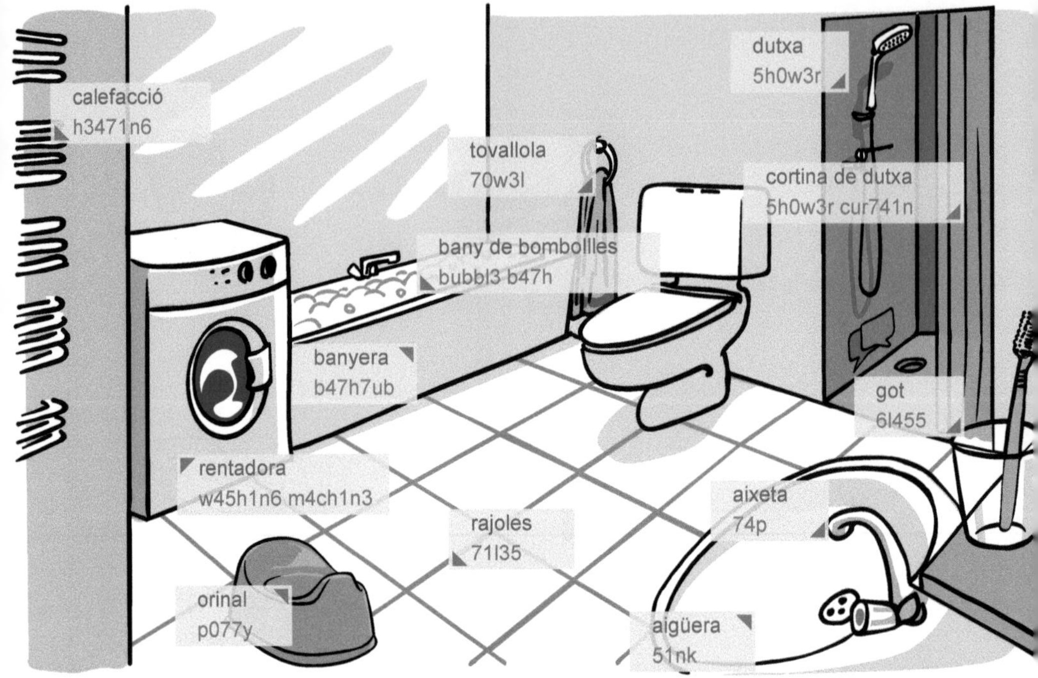
dutxa
5h0w3r
calefacció
h3471n6
tovallola
70w3l
cortina de dutxa
5h0w3r cur741n
bany de bombollles
bubbl3 b47h
banyera
b47h7ub
got
6l455
rentadora
w45h1n6 m4ch1n3
aixeta
74p
rajoles
71l35
orinal
p077y
aigüera
51nk

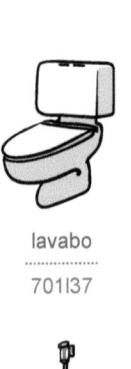

lavabo
701l37

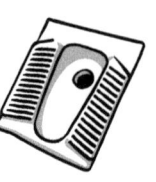

lavabo turc
5qu47 701l37

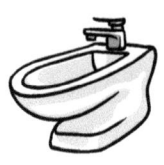

bidet
b1d37

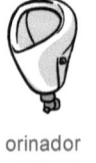

orinador
ur1n4l

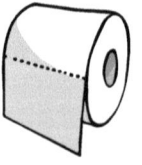

paper higiènic
701l37 p4p3r

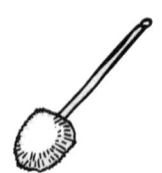

escombreta de sanitari
701l37 bru5h

raspall de dents

7007hbru5h

pasta de dents

7007hp4573

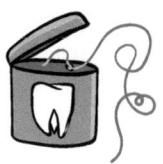

fil dental

d3n74l fl055

rentar

w45h

pom de dutxa

h4nd 5h0w3r

dutxa íntima

d0uch3

rentamans

b451n

raspall per a l'esquena

b4ck bru5h

sabó

504p

gel de dutxa

5h0w3r 63l

xampú

5h4mp00

manyopla de bany

fl4nn3l

bonera

dr41n

crema

cr3m3

desodorant

d30d0r4n7

mirall

m1rr0r

mirall-espill de mà

h4nd m1rr0r

maquineta de rasar

r4z0r

espuma de barbejar

5h4v1n6 f04m

loció post-rasada

4f73r5h4v3

pinta

c0mb

raspall

bru5h

eixugador

h41r-dry3r

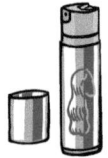

laca

h41r5pr4y

maquillatge

m4k3up

pintallavis

l1p571ck

esmalt d'ungles

n41l v4rn15h

cotó

c0770n w00l

tallaungles

n41l 5c1550r5

perfum

p3rfum3

estoig de bellesa

w45hb46

tamboret

5700l

bàscula

w316h1n6 5c4l35

barnús

b47hr0b3

guants de goma

rubb3r 6l0v35

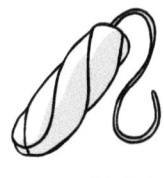

compresa higiènica

74mp0n

compresa

54n174ry 70w3l

sanitari químic

ch3m1c4l 701l37

cambra de nen

ch1ld'5 r00m

despertador
4l4rm cl0ck
animal de peluix
cuddly 70y
auto de joguina
70y c4r
sonall
r477l3
casa de nines
d0ll'5 h0u53
present
pr353n7

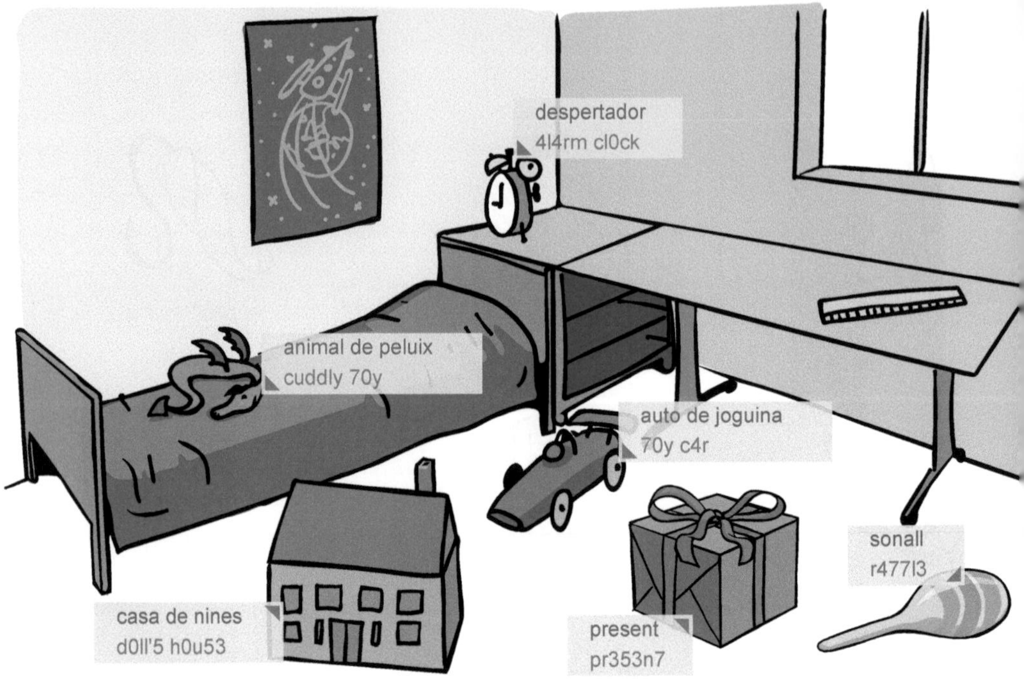

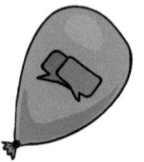

baló

b4ll00n

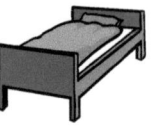

llit

b3d

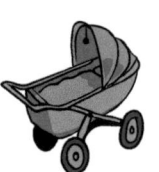

cotxet per a nens

57r0ll3r

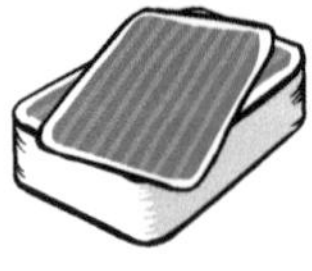

joc de cartes

d3ck 0f c4rd5

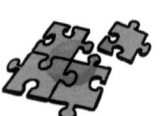

trencaclosca

j1654w

historieta

c0m1c

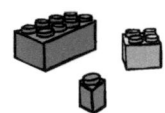

peces de lego

l360 br1ck5

peces de construcció

70y bl0ck5

ninot d'acció

4c710n f16ur3

granota

r0mp3r 5u17

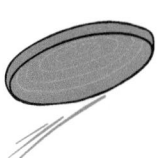

frisbee

fr15b33

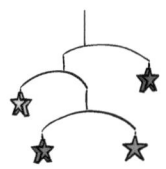

mòbil per a bressol

m0b1l3

joc de taula

b04rd 64m3

daus

d1c3

tren elèctric

m0d3l 7r41n 537

xumet

dummy

festa

p4r7y

llibre de dibuixos

p1c7ur3 b00k

pilota

b4ll

nina

d0ll

jugar

pl4y

sorrera

54ndp17

gronxador

5w1n6

joguines

70y

consola de jocs de vídeo

v1d30 64m3 c0n50l3

tricicle

7r1cycl3

osset de peluix

73ddy b34r

armari

w4rdr0b3

roba

cl07h1n6

mitjons

50ck5

mitges

570ck1n65

mitja pantaló

716h75

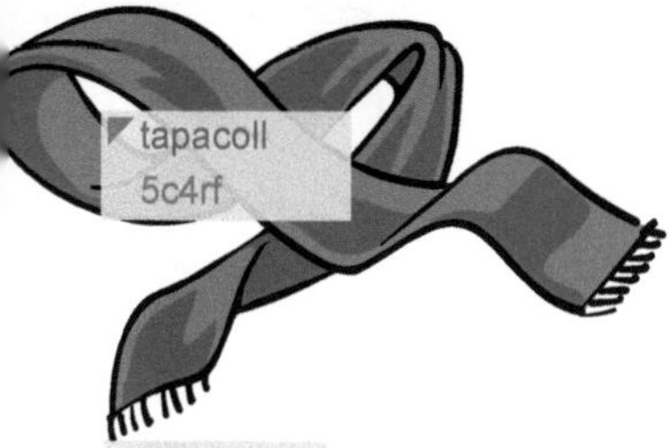

tapacoll
5c4rf

paraigua
umbr3ll4

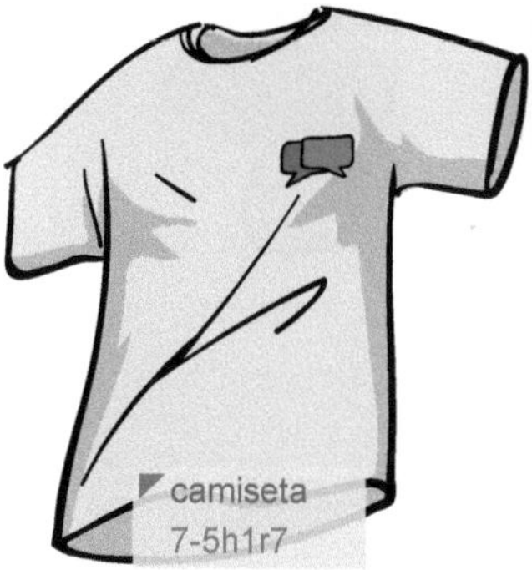

camiseta
7-5h1r7

cintura
b3l7

botes
b0075

plantofes
5l1pp3r5

sabates d'esport
5n34k3r5

sandàlies

54nd4l5

sabates

5h035

botes de goma

rubb3r b0075

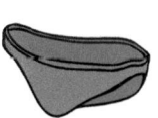

calçonets

br13f5

sostenidor

br4

guardapits

und3r5h1r7

jjustacòs

b0dy

pantalons

p4n75

jeans

j34n5

faldeta

5k1r7

brusa

bl0u53

camisa

5h1r7

jersei

pull0v3r

dessuadora

5w3473r

blazer

bl4z3r

jaqueta

j4ck37

mantell

c047

impermeable

r41nc047

vestit de dona

c057um3

vestit de dona

dr355

vestit de núvia

w3dd1n6 dr355

vestit d'home

5u17

camisa de dormir

n16h760wn

pijama

p4j4m45

sari

54r1

mocador de cap

h34d5c4rf

turbant

7urb4n

burca

burk4

caftan

k4f74n

abaia

4b4y4

vestit de bany

5w1m5u17

calçon(et)s de bany

7runk5

pantalons curts

5h0r75

xandall

7r4ck5u17

davantal

4pr0n

guants

6l0v35

botó

bu770n

ulleres

6l45535

braçalet

br4c3l37

collaret

n3ckl4c3

anell

r1n6

orellera

34rr1n6

casquet

c4p

penjador

c047 h4n63r

capell

h47

corbata

713

cremallera

z1p

casc

h3lm37

elàstics

br4c35

uniforme escolar

5ch00l un1f0rm

uniforme

un1f0rm

pitet

b1b

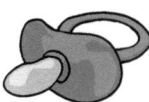

xumet

dummy

bolquer

d14p3r

oficina

0ff1c3

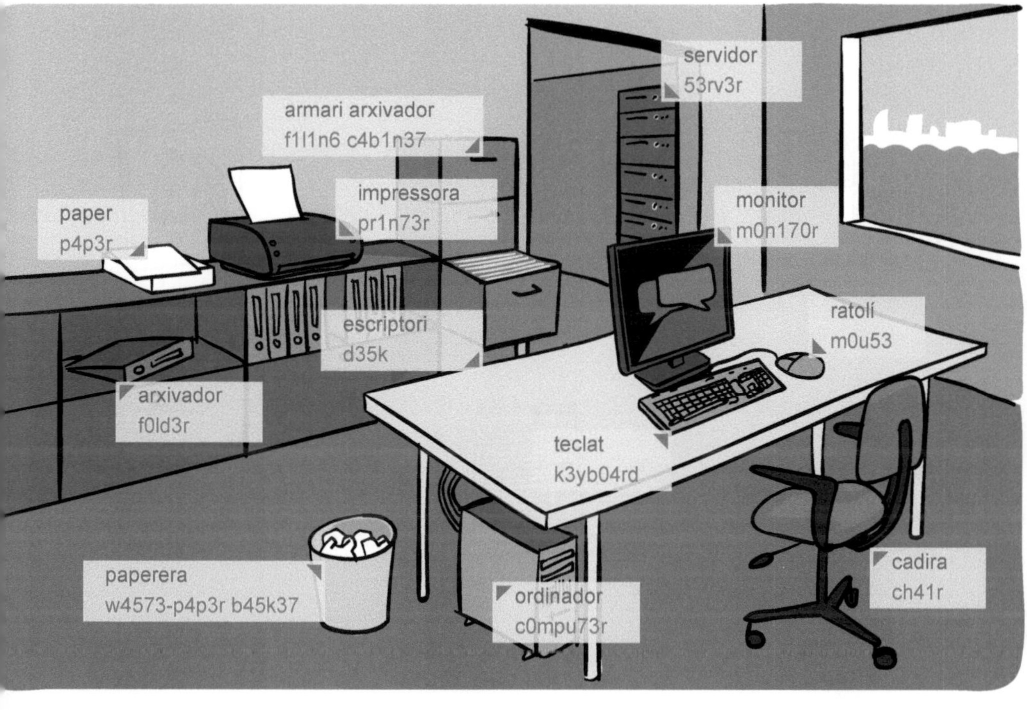

servidor
53rv3r

armari arxivador
f1l1n6 c4b1n37

impressora
pr1n73r

monitor
m0n170r

paper
p4p3r

escriptori
d35k

ratolí
m0u53

arxivador
f0ld3r

teclat
k3yb04rd

paperera
w4573-p4p3r b45k37

cadira
ch41r

ordinador
c0mpu73r

tassa de cafè

c0ff33 mu6

calculadora

c4lcul470r

Internet

1n73rn37

ordinador portàtil

l4p70p

lletra

l3773r

missatge

m355463

mòbil

c3ll ph0n3

xarxa

n37w0rk

fotocopiadora

ph070c0p13r

programari

50f7w4r3

telèfon

73l3ph0n3

presa de corrent

plu6 50ck37

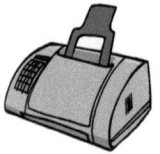

fax

f4x m4ch1n3

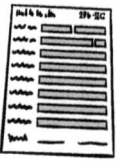

formulari

f0rm

document

d0cum3n7

comprar

buy

pagar

p4y

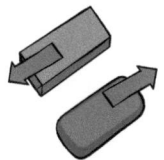

comerciar

7r4d3

diners

m0n3y

dòlar

d0ll4r

euro

3ur0

ien

y3n

ruble

r0ubl3

franc suís

5w155 fr4nc

renminbi

r3nm1nb1 yu4n

rupia

rup33

caixa automàtica

c45h p01n7

oficina de canvi

curr3ncy 3xch4n63 0ff1c3

or

60ld

argent

51lv3r

petroli

01l

energia

3n3r6y

preu

pr1c3

contracte

c0n7r4c7

impost

74x

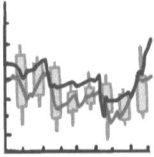

acció

570ck

treballar

w0rk

treballador

3mpl0y33

empresari

3mpl0y3r

fàbrica

f4c70ry

botiga

5h0p

oficis
0ccup4710n5

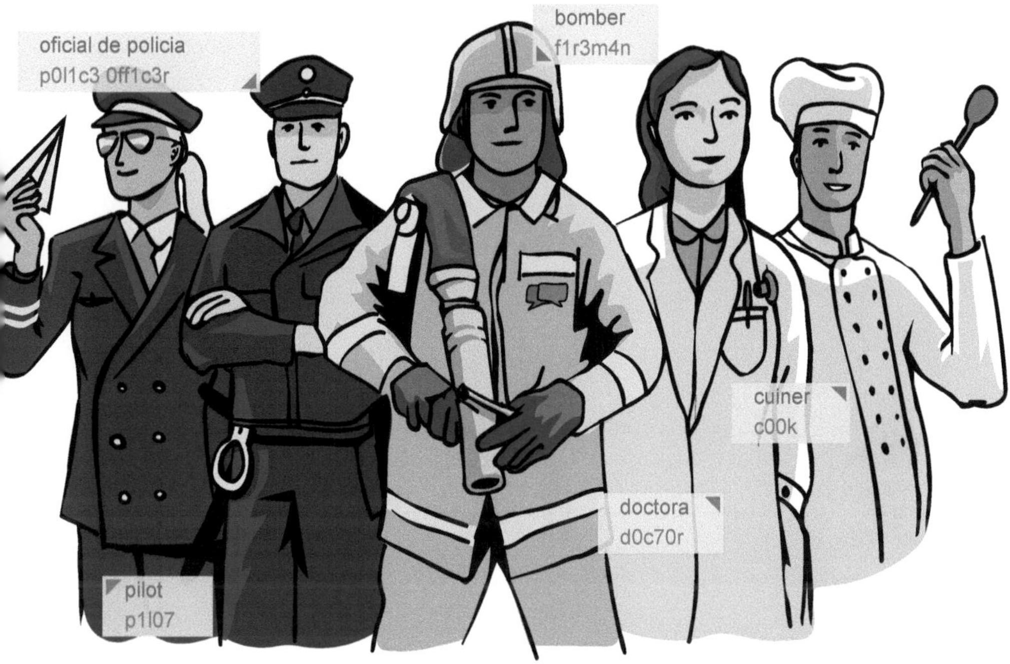
oficial de policia
p0l1c3 0ff1c3r
bomber
f1r3m4n
cuiner
c00k
doctora
d0c70r
pilot
p1l07

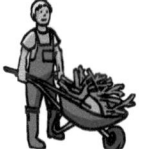

jardiner

64rd3n3r

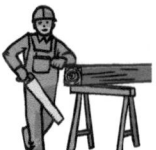

fuster

c4rp3n73r

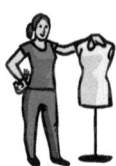

costurera

534m57r355

jutge

jud63

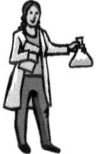

química

ch3m157

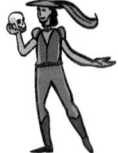

actor

4c70r

conductor d'autobús

bu5 dr1v3r

taxista

74x1 dr1v3r

pescador

f15h3rm4n

dona de la neteja

cl34n1n6 l4dy

ensostrador

r00f3r

cambrer

w4173r

caçador

hun73r

pintor

p41n73r

forner

b4k3r

electricista

3l3c7r1c14n

obrer de la construcció

bu1ld3r

enginyer

3n61n33r

carnisser

bu7ch3r

llanterner

plumb3r

correu

p057m4n

soldat

50ld13r

arquitecte

4rch173c7

caixera

c45h13r

florista

fl0r157

perruquer

h41rdr3553r

revisor

c0nduc70r

mecànic

m3ch4n1c

capità

c4p741n

dentista

d3n7157

científic

5c13n7157

rabí

r4bb1

imam

1m4m

monjo

m0nk

capellà

p4570r

eines

700l5

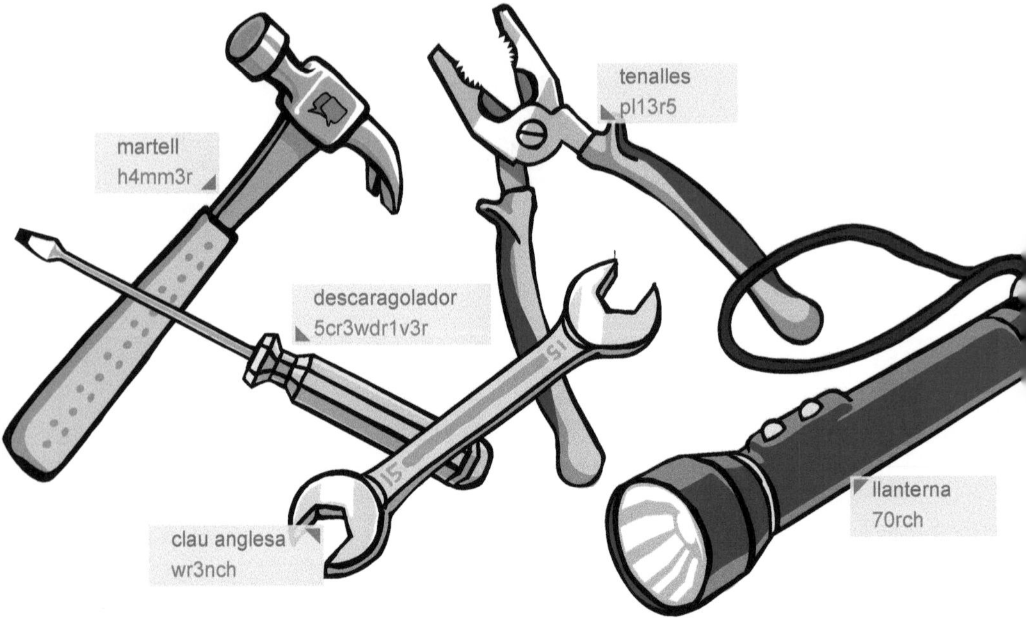

tenalles
pl13r5
martell
h4mm3r
descaragolador
5cr3wdr1v3r
llanterna
70rch
clau anglesa
wr3nch

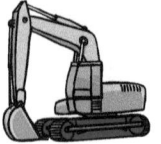

excavadora

3xc4v470r

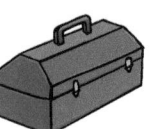

caixa d'eines

700lb0x

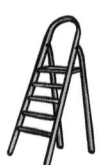

escala

l4dd3r

serra

54w

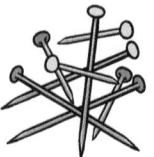

claus

n41l5

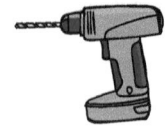

trepant

dr1ll

reparar

r3p41r

pala

5h0v3l

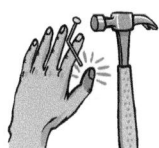

Maleït siga!

d4mn!

pala

du57p4n

pot de pintura

p41n7 c4n

caragols

5cr3w5

instrument de música
mu51c4l 1n57rum3n75

altaveu
l0ud 5p34k3r

bateria
drum 537

guitarra
6u174r

contrabaix
d0ubl3 b455

trompeta
7rump37

piano

p14n0

violí

v10l1n

baix

b455

timbal

71mp4n1

tambor

drum5

teclat

k3yb04rd

saxofon

54x0phOn3

flauta

flu73

micròfon

m1crOphOn3

entrada
3n7r4nc3

tigre
7163r

gàbia
c463

zebra
z3br4

aliment per a animals
4n1m4l f33d

ós panda
p4nd4

animals

4n1m4l5

elefant

3l3ph4n7

cangurú

k4n64r00

rinoceront

rh1n0

goril·la

60r1ll4

ós

b34r

camell

c4m3l

estruç

057r1ch

lleó

l10n

simi

m0nk3y

flamenc

fl4m1n60

papagai

p4rr07

ós polar

p0l4r b34r

pingüí

p3n6u1n

ca mari

5h4rk

paó

p34c0ck

serp

5n4k3

cocodril

cr0c0d1l3

guardià del zoo

z00k33p3r

foca

534l

jaguar

j46u4r

poni

p0ny

lleopard

l30p4rd

hipopòtam

h1pp0

girafa

61r4ff3

àliga

34613

senglar

b04r

peix

f15h

tortuga

7ur7l3

morsa

w4lru5

guineu

f0x

gasela

64z3ll3

futbol americà
4m3r1c4n f007b4ll

ciclisme
cycl1n6

tenis
73nn15

bàsquet
b45k37b4ll

natació
5w1mm1n6

boxa
b0x1n6

hoquei sobre gel
1c3 h0ck3y

futbol americà
50cc3r

bàdminton
b4dm1n70n

atletisme
47hl371c5

handbol
h4ndb4ll

esquí
5k11n6

polo
p0l0

riure
l4u6h

saltar
jump

abraçar
hu6

anar
w4lk

cantar
51n6

somiar
dr34m

pregar
pr4y

fer un petó
k155

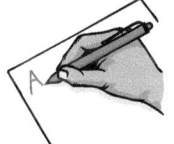

escriure
wr173

dibuixar
dr4w

mostrar
5h0w

pitjar
pu5h

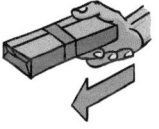

donar
61v3

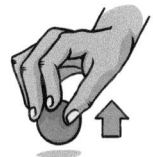

prendre
74k3

tenir	fer	ésser
h4v3	d0	b3

estar dret	córrer	estirar
574nd	run	pull

llançar	caure	jeure
7hr0w	f4ll	l13

esperar	portar	asseure's
w417	c4rry	517

vestir-se	dormir	despertar-se
637 dr3553d	5l33p	w4k3 up

mirar

l00k 47

plorar

cry

amoixar

57r0k3

pentinar

c0mb

parlar

74lk

comprendre

und3r574nd

demanar

45k

escoltar

l1573n

beure

dr1nk

menjar

347

endreçar

71dy up

estimar

l0v3

cuinar

c00k

conduir

dr1v3

volar

fly

navegar

5411

calcular

c4lcul473

llegir

r34d

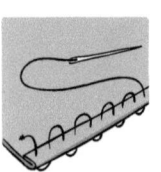

aprendre

l34rn

treballar

w0rk

casar-se

m4rry

cosir

53w

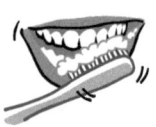

raspallar-se les dents

bru5h 7337h

matar

k1ll

fumar

5m0k3

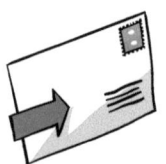

enviar

53nd

família
f4m1ly

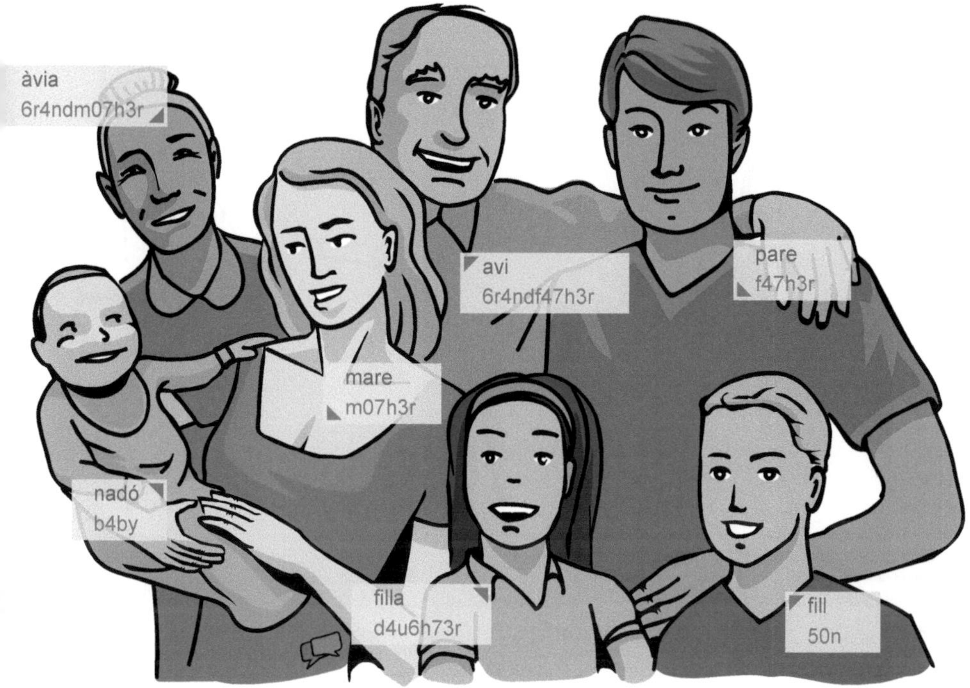
àvia
6r4ndm07h3r
avi
6r4ndf47h3r
pare
f47h3r
mare
m07h3r
nadó
b4by
filla
d4u6h73r
fill
50n

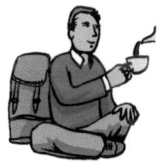

convidat

6u357

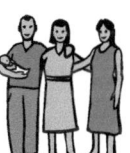

tia

4un7

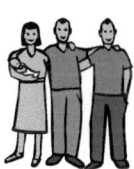

oncle

uncl3

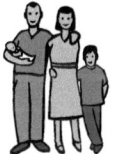

germà

br07h3r

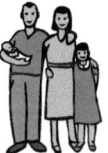

germana

51573r

cos

b0dy

front
f0r3h34d
ull
3y3
espatlla
5h0uld3r
dit
f1n63r
cara
f4c3
barbeta
ch1n
mà
h4nd
cama
l36
pit
br3457
braç
4rm

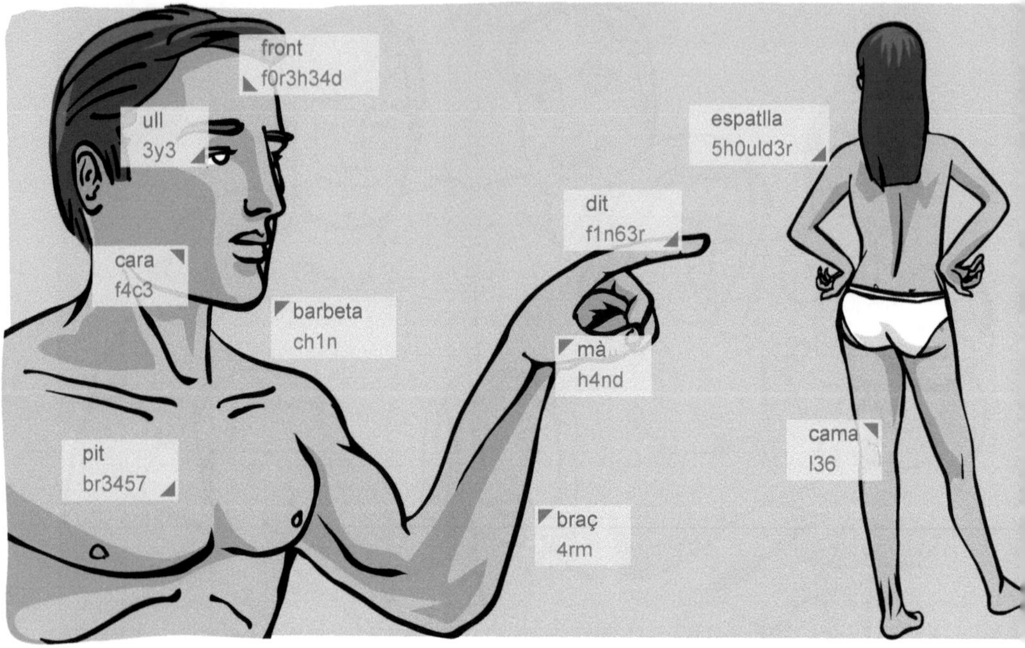

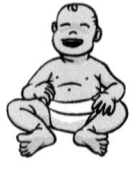

nadó

b4by

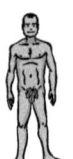

home

m4n

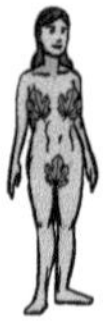

dona

w0m4n

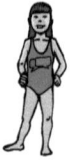

noia

61rl

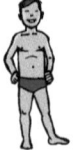

noi

b0y

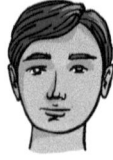

cap

h34d

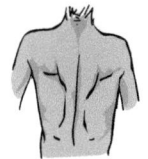

esquena

b4ck

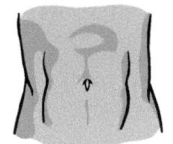

panxa

b3lly

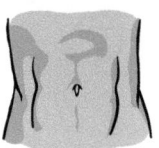

melic

n4v3l

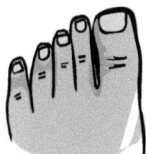

dit gros del peu

703

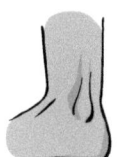

taló

h33l

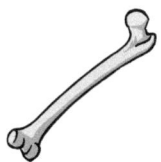

os

b0n3

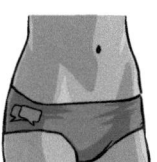

maluc

h1p

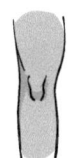

genoll

kn33

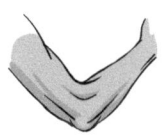

colze

3lb0w

nas

n053

cul

bu770ck5

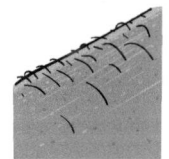

pell

5k1n

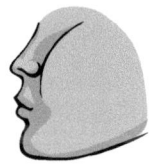

galta

ch33k

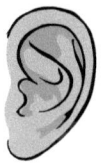

orella

34r

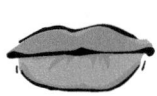

llavi

l1p

boca

m0u7h

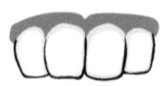

dent

7007h

llengua

70n6u3

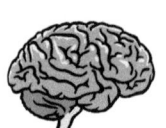

cervell

br41n

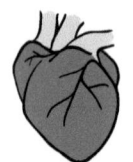

cor

h34r7

múscul

mu5cl3

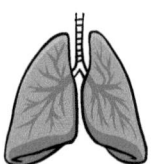

pulmó

lun6

fetge

l1v3r

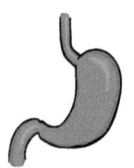

estómac

570m4ch

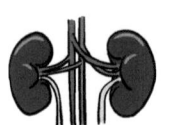

ronyó

k1dn3y5

relació sexual

53x

preservatiu

c0nd0m

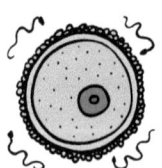

ovari

0vum

semen

53m3n

prenyat

pr36n4ncy

cos - b0dy

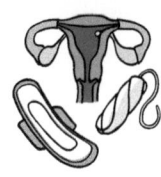

menstruació

m3n57ru4710n

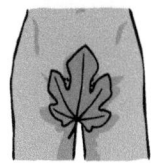

vagina

v461n4

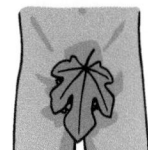

penis

p3n15

cella

3y3br0w

cabells

h41r

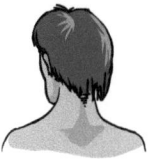

coll

n3ck

hospital
h05p174l

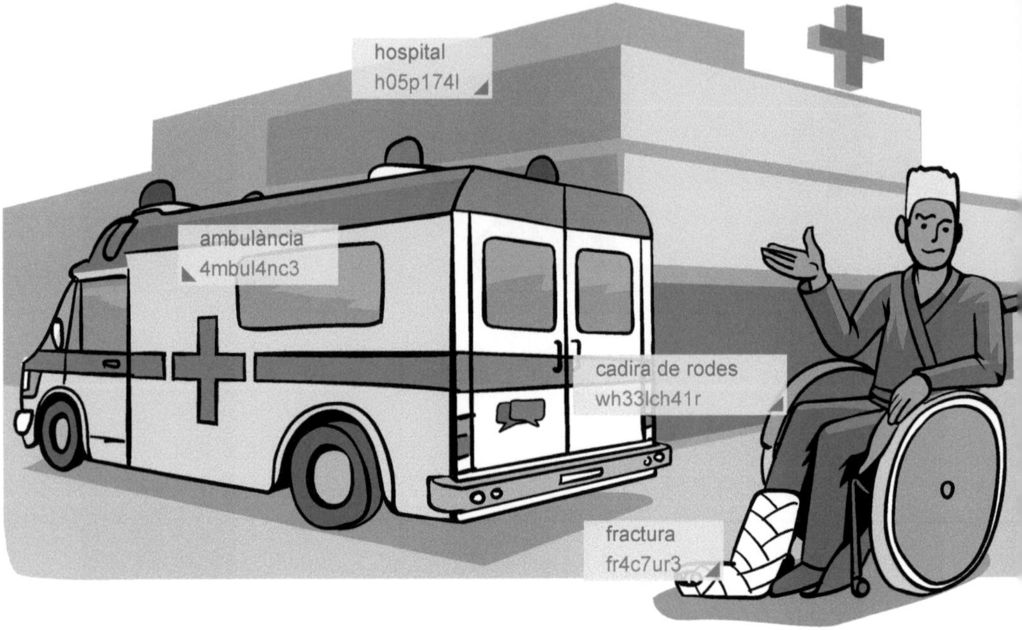

hospital
h05p174l
ambulància
4mbul4nc3
cadira de rodes
wh33lch41r
fractura
fr4c7ur3

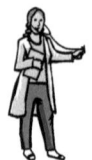

doctora

d0c70r

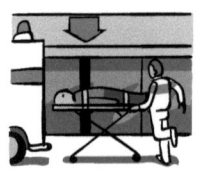

sala d'urgències

3m3r63ncy r00m

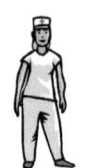

infermera

nur53

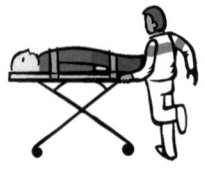

urgència

3m3r63ncy

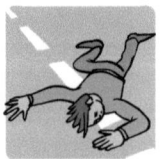

inconscient

unc0n5c10u5

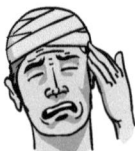

dolor

p41n

ferida

1njury

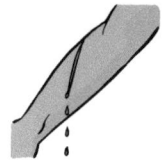

sagnament

bl33d1n6

atac de cor

h34r7 4774ck

apoplexia

57r0k3

al·lèrgia

4ll3r6y

tos

c0u6h

febre

f3v3r

gripa

flu

diarrea

d14rrh34

mal de cap

h34d4ch3

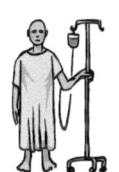

càncer

c4nc3r

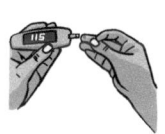

diabetis

d14b3735

cirurgià

5ur630n

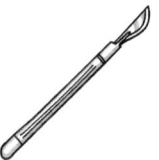

escalpel

5c4lp3l

operació

0p3r4710n

tomografia computada (TC), TAC

c7

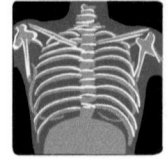

raigs x

x-r4y

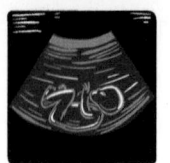

ultrasò

ul7r450und

mascareta

f4c3 m45k

malaltia

d153453

sala d'espera

w4171n6 r00m

crossa

cru7ch

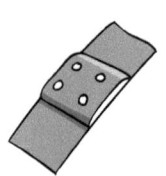

tireta

pl4573r

embenat

b4nd463

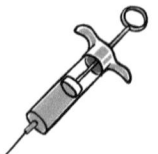

injecció

1nj3c710n

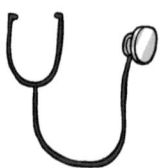

estetoscopi

5737h05c0p3

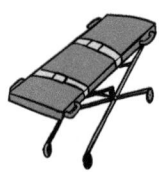

llitera

57r37ch3r

termòmetre clínic

cl1n1c4l 7h3rm0m373r

pariment

b1r7h

sobrepès

0v3rw316h7

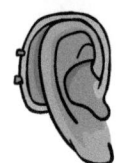

aparell auditiu

h34r1n6 41d

desinfectant

d151nf3c74n7

infecció

1nf3c710n

virus

v1ru5

VIH / SIDA

h1v / 41d5

medicina

m3d1c1n3

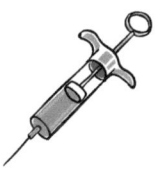

vaccí

v4cc1n4710n

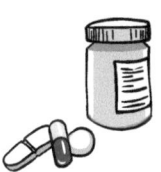

comprimits

74bl375

píl·lola

p1ll

trucada d'urgència

3m3r63ncy c4ll

tensiòmetre

bl00d pr355ur3 m0n170r

malalt / sà

1ll / h34l7hy

Socors!

h3lp!

alarma

4l4rm

assalt

4554ul7

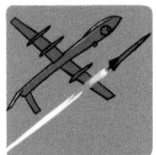

atac

4774ck

perill

d4n63r

sortida-eixida d'urgència

3m3r63ncy 3x17

Foc!

f1r3!

extintor

f1r3 3x71n6u15h3r

accident

4cc1d3n7

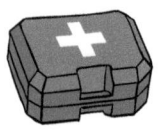

farmaciola de primers auxilis

f1r57-41d k17

SOS

505

policia

p0l1c3

Europa

3ur0p3

Amèrica del Nord

n0r7h 4m3r1c4

Amèrica del Sud

50u7h 4m3r1c4

Àfrica

4fr1c4

Àsia

4514

Austràlia

4u57r4l14

Atlàntic

47l4n71c

Pacífic

p4c1f1c

Oceà Índic

1nd14n 0c34n

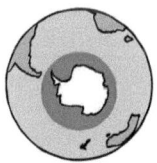

Oceà Antàrtic

4n74rc71c 0c34n

Oceà Àrtic

4rc71c 0c34n

pol nord

n0r7h p0l3

pol sud

50u7h p0l3

Antàrtida

4n74rc71c4

terra

34r7h

país

l4nd

mar

534

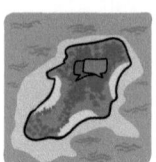

illa

15l4nd

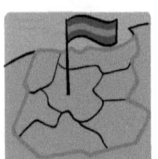

nació

n4710n

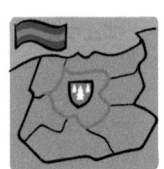

estat

57473

quadrant

cl0ck f4c3

agulla de les hores

h0ur h4nd

agulla dels minuts

m1nu73 h4nd

agulla dels segons

53c0nd h4nd

Quina hora és?

wh47 71m3 15 17?

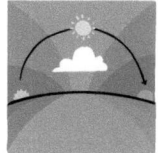

dia

d4y

temps

71m3

ara

n0w

rellotge digital

d16174l w47ch

minut

m1nu73

hora

h0ur

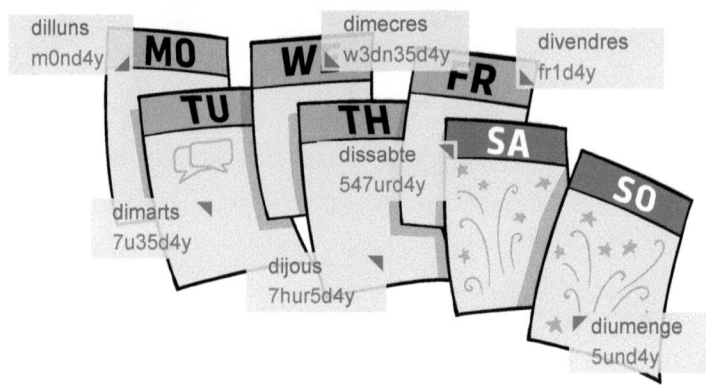

dilluns
m0nd4y

dimecres
w3dn35d4y

divendres
fr1d4y

dimarts
7u35d4y

dijous
7hur5d4y

dissabte
547urd4y

diumenge
5und4y

ahir

y3573rd4y

avui

70d4y

demà

70m0rr0w

matí

m0rn1n6

migdia

n00n

tarda

3v3n1n6

dia feiner

w0rkd4y5

cap de setmana

w33k3nd

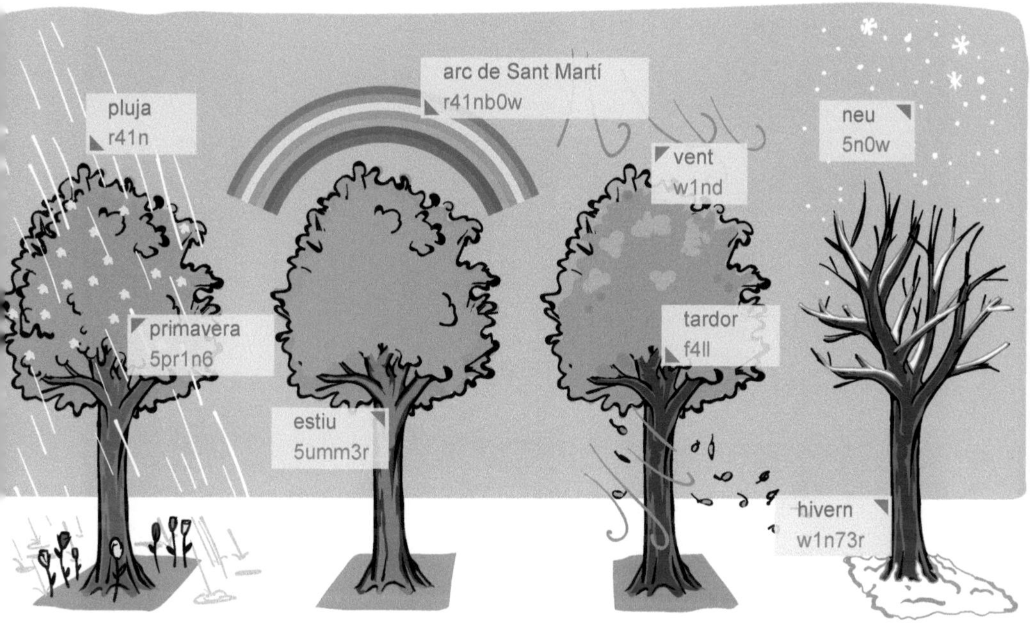

pluja
r41n
arc de Sant Martí
r41nb0w
neu
5n0w
vent
w1nd
primavera
5pr1n6
tardor
f4ll
estiu
5umm3r
hivern
w1n73r

4.APRIL 11°
5.APRIL 4°
6.APRIL 13°
7.APRIL 8°
8.APRIL 10°

pronòstic del temps

w347h3r f0r3c457

F C
120 40
90 30
60 20
30 10
0 0
-30 -10
-20

termòmetre

7h3rm0m373r

llum del sol

5un5h1n3

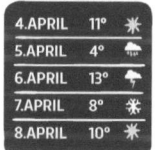

núvol

cl0ud

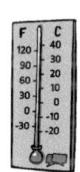

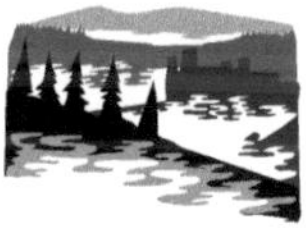

boira

f06

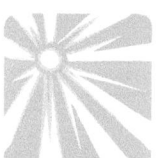

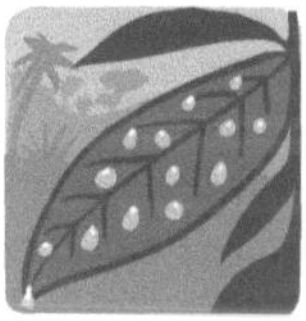

humiditat de l'aire

hum1d17y

llamp

l16h7n1n6

tro

7hund3r

tempesta

570rm

calamarsa

h41l

monsó

m0n500n

inundació

fl00d

gel

1c3

gener

j4nu4ry

febrer

f3bru4ry

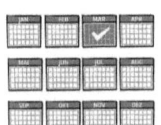

març

m4rch

abril

4pr1l

maig

m4y

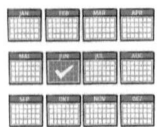

juny

jun3

juliol

july

agost

4u6u57

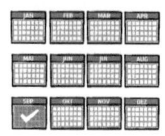

setembre

53p73mb3r

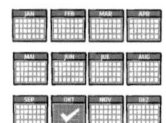

octubre

0c70b3r

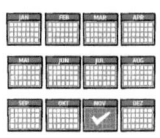

novembre

n0v3mb3r

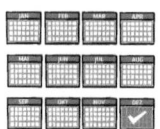

desembre

d3c3mb3r

formes

5h4p35

cercle

c1rcl3

quadrat

5qu4r3

rectangle

r3c74n6l3

triangle

7r14n6l3

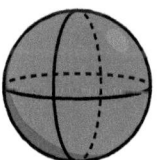

esfera

5ph3r3

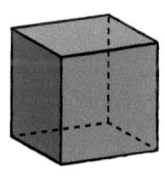

cub

cub3

blanc

wh173

groc

y3ll0w

taronja

0r4n63

rosa

p1nk

vermell

r3d

lila

purpl3

blau

blu3

verd

6r33n

marró

br0wn

gris

6r4y

negre

bl4ck

molt / poc

4 l07 / 4 l177l3

emprenyat / tranquil

4n6ry / c4lm

bonic / lleig

b34u71ful / u6ly

començament / fi

b361nn1n6 / 3nd

gran / petit

b16 / 5m4ll

clar / fosc

br16h7 / d4rk

germà / germana

br07h3r / 51573r

net / brut

cl34n / d1r7y

complet / incomplet

c0mpl373 / 1nc0mpl373

dia / nit

d4y / n16h7

mort / viu

d34d / 4l1v3

ample / estret

w1d3 / n4rr0w

comestible / immenjable

3d1bl3 / 1n3d1bl3

dolent / amable

3v1l / k1nd

entusiasmat / entediat

3xc173d / b0r3d

gros / prim

f47 / 7h1n

primer / darrer

f1r57 / 1457

amic / enemic

fr13nd / 3n3my

ple / buit

full / 3mp7y

dur / tou

h4rd / 50f7

pesant / lleuger

h34vy / l16h7

gana / set

hun63r / 7h1r57

malalt / sà

1ll / h34l7hy

il·legal / legal

1ll364l / l364l

intel·ligent / ximple

1n73ll163n7 / 57up1d

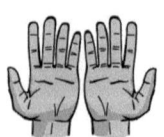

esquerra / dreta

l3f7 / r16h7

prop / llunyà

n34r / f4r

nou / usat
n3w / u53d

res / quelcom
n07h1n6 / 50m37h1n6

vell / jove
0ld / y0un6

encès / apagat
0n / 0ff

obert / tancat
0p3n / cl053d

silenciós / sorollós
qu137 / l0ud

ric / pobre
r1ch / p00r

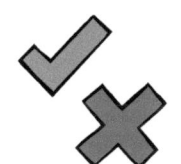

correcte / incorrecte
r16h7 / wr0n6

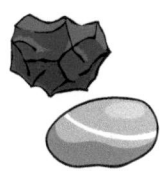

aspre / suau
r0u6h / 5m007h

trist / content
54d / h4ppy

curt / llarg
5h0r7 / l0n6

lent / ràpid
5l0w / f457

humit / sec - eixut
w37 / dry

calent / fred
w4rm / c00l

guerra / pau
w4r / p34c3

0

zero

z3r0

1

u

0n3

2

dos

7w0

3

tres

7hr33

4

quatre

f0ur

5

cinc

f1v3

6

sis

51x

7

set

53v3n

8

vuit

316h7

9

nou

n1n3

10

deu

73n

11

onze

3l3v3n

12
dotze
7w3lv3

13
tretze
7h1r733n

14
catorze
f0ur733n

15
quinze
f1f733n

16
setze
51x733n

17
disset
53v3n733n

18
divuit
316h733n

19
dinou
n1n3733n

20
vint
7w3n7y

100
cent
hundr3d

1.000
mil
7h0u54nd

1.000.000
milió
m1ll10n

anglès

3n6l15h

anglès americà

4m3r1c4n 3n6l15h

xinès mandarí

ch1n353 m4nd4r1n

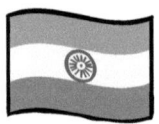

hindi

h1nd1

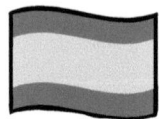

espanyol

5p4n15h

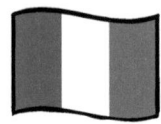

francès

fr3nch

àrab

4r4b1c

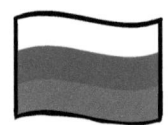

rus

ru5514n

portuguès

p0r7u6u353

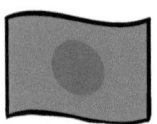

bengalí

b3n64l1

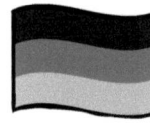

alemany

63rm4n

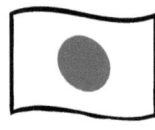

japonès

j4p4n353

jo

1

tu

y0u

ell / ella / allò

h3 / 5h3 / 17

nosaltres

w3

vosaltres

y0u

ells

7h3y

qui?

wh0?

què?

wh47?

com?

h0w?

on?

wh3r3?

quan?

wh3n?

nom

n4m3

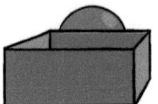

darrere

b3h1nd

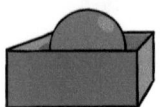

en

1n

davant de

1n fr0n7 0f

damunt

0v3r

sobre

0n

sota

und3r

al costat

b351d3

entre

b37w33n

lloc

pl4c3